Blumen und Blüten sind die Boten der Jahreszeiten. Mit welcher Sehnsucht werden die ersten Krokusse, Narzissen und Tulpen als Zeichen des nahenden Frühlings erwartet und begrüßt! Die Rosen in all ihrer Vielfalt, Sonnenblumen und Hortensien begleiten durch den Sommer. Und die Astern, die leuchtenden Herbstblumen, stimmen manchmal etwas wehmütig, künden sie doch vom bevorstehenden Winter und der Vergänglichkeit alles irdischen Lebens.

Ein literarischer Spaziergang durch die farbenprächtige Welt der Blumen mit Gedichten von Johann Wolfgang Goethe, Rainer Maria Rilke, Christian Morgenstern, Hermann Hesse, Paul Celan, Hans Magnus Enzensberger, Annette von Droste-Hülshoff, Marie Luise Kaschnitz, Rose Ausländer, Friederike Mayröcker u. v. a.

insel taschenbuch 4640
Die schönsten Blumengedichte

Die schönsten
Blumengedichte

Ausgewählt von Gesine Dammel

Insel Verlag

2. Auflage 2020

Erste Auflage 2018
insel taschenbuch 4640
Originalausgabe
© Insel Verlag Berlin 2018
Alle Rechte vorbehalten, insbesondere das
des öffentlichen Vortrags sowie der Übertragung durch
Rundfunk und Fernsehen, auch einzelner Teile.
Kein Teil des Werkes darf in irgendeiner Form
(durch Fotografie, Mikrofilm oder andere Verfahren)
ohne schriftliche Genehmigung des Verlages reproduziert
oder unter Verwendung elektronischer Systeme
verarbeitet, vervielfältigt oder verbreitet werden.
Quellenverzeichnis am Schluss des Bandes
Vertrieb durch den Suhrkamp Taschenbuch Verlag
Umschlag: hißmann, heilmann, hamburg
Umschlagabbildung: Sally Crosthwaite, *Schmucklilien
(Agapanthus)* und *Montbretien (Crocosmia)*
Foto: Bridgeman Images, Berlin
Satz: Satz-Offizin Hümmer GmbH, Waldbüttelbrunn
Druck: CPI – Ebner & Spiegel, Ulm
Printed in Germany
ISBN 978-3-458-36340-8

Inhalt

Vom Sommer sind sie übervoll

Die letzte Rose

Eisblumen

Das Blumenfest

Ich schenke Blumen.
Ich streue Blumensamen aus.
Ich pflanze Blumen.
Ich sammle Blumen.
Ich pflücke Blumen.
Ich pflücke verschiedene Blumen.
Ich raufe sie aus.
Ich zerreiße Blumen.
Ich zerstöre sie.
Ich knüpfe Blumen.
Ich binde Blumen.
Ich mache Blumen.
Ich erfinde Blumen.
Ich hole sie aus der Luft.
Ich mache es so, daß aus den Blumen
    Sträuße werden, ungleiche, runde Sträuße,
    immer größer und größer.

Ich mache eine Girlande aus Blumen,
    ein Laken, einen Strauß, ein Bett aus Blumen,
    eine Hand.
Ich knüpfe sie.
Ich binde sie.
Ich versehe sie mit Gras.
Ich versehe sie mit Blättern.
Ich mache eine Schlange aus Blumen.

Ich rieche etwas.
Ich rieche sie.
Ich sorge dafür, daß einer Blumen riecht.
Ich schenke einem Blumen.
Ich schenke ihm Blumen.
Ich versehe einen mit Blumen.
Ich versehe ihn mit einer Schlange, mit einer
    Kette aus Blumen.
Ich versehe ihn mit einer Blumenkette.
Ich lege ihm eine Girlande um.
Ich versehe ihn mit einer Girlande aus Blumen.

Ich bekleide einen mit Blumen.
Ich kleide ihn in Blumen ein.
Ich bedecke ihn ganz mit Blumen.
Ich zerstöre einen mit Blumen.
Ich zerstöre ihn mit Blumen.
Ich verwunde einen, verwunde ihn mit Blumen.
Ich zerstöre einen mit Blumen.
Ich zerstöre ihn.
Ich verwunde ihn mit Blumen.

Mit Trinken, mit Essen, mit Blumen, mit Tabak,
    mit Kleidern, mit Gold.
Ich bezaubere ihn, ich errege ihn mit Blumen,
    mit Wörtern.
Ich bezaubere ihn.
Ich sage:
»Mit Blumen liebkose ich ihn.
Ich verführe einen.

Ich richte eine lange Rede an ihn.
Ich bewege ihn mit Wörtern.
Mit Blumen.«

Ich versehe einen mit Blumen, oder
    ich zerreiße Blumen, oder ich mache Blumen,
    oder ich hole Blumen aus der Luft und gebe
    sie ihm, so, daß es ein Fest gibt.
Ich höre nicht auf, einem Blumen in die Hand
    zu geben.
Oder ich versehe ihn mit einer Kette, einer
    Schlange.
Oder ich versehe ihn mit einer Girlande
    aus Blumen, aus Wörtern.
Oder ich bezaubere ihn.
Oder ich gebe ihm etwas.
Oder ich gebe ihm weiter nichts als immer mehr
    Blumen und Blumen.

Die ersten Blumen

JOSEPH VON EICHENDORFF

Schneeglöckchen

's war doch wie ein leises Singen
In dem Garten heute nacht,
Wie wenn laue Lüfte gingen:
»Süße Glöcklein, nun erwacht,
Denn die warme Zeit wir bringen,
Eh's noch jemand hat gedacht.« –
's war kein Singen, 's war ein Küssen,
Rührt' die stillen Glöcklein sacht,
Daß sie alle tönen müssen
Von der künftgen bunten Pracht.
Ach, sie konntens nicht erwarten,
Aber weiß vom letzten Schnee
War noch immer Feld und Garten,
Und sie sanken um vor Weh.
So schon manche Dichter streckten
Sangesmüde sich hinab,
Und der Frühling, den sie weckten,
Rauschet über ihrem Grab.

Die ersten Blumen

Neben dem Bach
Den roten Weiden nach
Haben in diesen Tagen
Gelbe Blumen viel
Ihre Goldaugen aufgeschlagen.
Und mir, der längst aus der Unschuld fiel,
Rührt sich Erinnerung im Grunde
An meines Lebens goldene Morgenstunde
Und sieht mich hell aus Blumenaugen an.
Ich wollte Blumen brechen gehn;
Nun laß ich sie alle stehn
Und gehe heim, ein alter Mann.

NIKOLAUS LENAU
Primula veris

Liebliche Blume,
Bist du so früh schon
Wiedergekommen?
Sei mir gegrüßet,
Primula veris!

Leiser denn alle
Blumen der Wiese
Hast du geschlummert,
Liebliche Blume,
Primula veris!

Dir nur vernehmbar
Lockte das erste
Sanfte Geflüster
Weckenden Frühlings,
Primula veris!

Liebliche Blume,
Primula veris!
Holde, dich nenn' ich
Blume des Glaubens.

Gläubig dem ersten
Winke des Himmels
Eilst du entgegen,
Öffnest die Brust ihm.

Frühling ist kommen,
Mögen ihn Fröste,
Trübende Nebel
Wieder verhüllen;

Blume, du glaubst es,
Daß der ersehnte
Göttliche Frühling
Endlich gekommen,

Öffnest die Brust ihm;
Aber es dringen
Lauernde Fröste
Tödlich ins Herz dir.

Mag es verwelken!
Ging doch der Blume
Gläubige Seele
Nimmer verloren!

Himmelschlüsselchen ist genannt ein goldnes
Feingebildetes Blümchen auf der Wiese,
Weil den Himmel auf Erden sieht die Unschuld
Aufgeschlossen im Frühling unter Blumen.
Himmelschlüsselchen nenn' ich, sprach ein Jüngling,
Dich mit eigenem Rechte, weil ein Himmel
Mir auf Erden, ein Herz, sich aufgeschlossen,
Ein geliebtes, im Frühling, als zum ersten
Kranz ich schüchtern dich wand mit andern Blumen.
Himmelschlüsselchen! den mir aufgeschloss'nen
Himmel schließe mir jeden Frühling neu auf,
Still verschließ' ihn vor jedem Blick des Neides!
Jedem anderen aber sei ein andrer
Himmel offen, den ich nicht ihm beneide.

JOHANN WOLFGANG GOETHE
Frühling

1

Auf, ihr Distichen, frisch! Ihr muntern, lebendigen
Knaben!
Reich ist Garten und Feld! Blumen zum Kranze herbei!

2

Reich ist an Blumen die Flur; doch einige sind nur dem
Auge,
Andre dem Herzen nur schön; wähle dir, Leser, nun
selbst!

3

Rosenknospe, du bist dem blühenden Mädchen gewidmet,
Die als die Herrlichste sich, als die Bescheidenste zeigt.

4

Viele der Veilchen zusammen geknüpft, das Sträußchen
erscheinet
Erst als Blume; du bist, häusliches Mädchen, gemeint.

5

Eine kannt' ich, sie war wie die Lilie schlank, und ihr Stolz
war
Unschuld; herrlicher hat Salomo keine gesehn.

6

Schön erhebt sich der Aglei, und senkt das Köpfchen
  herunter.
  Ist es Gefühl? oder ist's Mutwill? Ihr ratet es nicht.

7

Viele duftende Glocken, o Hyacinthe, bewegst du;
  Aber die Glocken ziehn, wie die Gerüche, nicht an.

8

Nachtviole, dich geht man am blendenden Tage
  vorüber;
  Doch bei der Nachtigall Schlag hauchest du köstlichen
  Geist.

9

Tuberose, du ragest hervor und ergetzest im Freien;
  Aber bleibe vom Haupt, bleibe vom Herzen mir fern!

10

Fern erblick' ich den Mohn; er glüht. Doch komm' ich dir
  näher,
  Ach! so seh ich zu bald, daß du die Rose nur lügst.

11

Tulpen, ihr werdet gescholten von sentimentalischen
  Kennern;
  Aber ein lustiger Sinn wünscht auch ein lustiges Blatt.

Nelken, wie find' ich euch schön! Doch alle gleicht ihr
  einander,
  Unterscheidet euch kaum, und ich entscheide mich nicht.

Prangt mit den Farben Aurorens, Ranunkeln, Tulpen und
  Astern!
  Hier ist ein dunkles Blatt, das euch an Dufte beschämt.

Keine lockt mich, Ranunkeln, von euch, und keine begehr'
  ich;
  Aber im Beete vermischt sieht euch das Auge mit Lust.

Sagt! was füllet das Zimmer mit Wohlgerüchen? Reseda,
  Farblos, ohne Gestalt, stilles bescheidenes Kraut.

Zierde wärst du der Gärten; doch wo du erscheinest, da
  sagst du:
  Ceres streute mich selbst aus, mit der goldenen Saat.

Deine liebliche Kleinheit, dein holdes Auge, sie sagen,
  Immer: Vergiß mein nicht! immer: Vergiß nur nicht
  mein!

18

Schwänden dem inneren Auge die Bilder sämtlicher
   Blumen,
   Eleonore, dein Bild brächte das Herz sich hervor.

CHRISTIAN MORGENSTERN
Die Primeln blühn und grüßen

»Die Primeln blühn und grüßen
so lieblich mir zu Füßen,
die Amsel singt so laut.
Die Sonne scheint so helle –
nur ich weiß eine Stelle,
dahin kein Himmel blaut.«

– Feins Kind, mußt nicht so sagen!
Es bringt der Himmelswagen
auch deiner Brust den Tag.
Es wird auch deine Seele
der lieben Vogelkehle
gleichtun mit lautem Schlag.

»Die Primeln blühn und grüßen
so lieblich mir zu Füßen,
die Amsel singt so laut.
Die Sonne scheint so helle –.
Mein freundlicher Geselle,
mir ward viel Leid vertraut.«

Das Veilchen ist aufgeblüht,
Aber es duftet nicht,
Der März ist zu kalt und rauh.
Was fehlt dir, o krankes Gemüt?
Es fehlt dir der Freude Licht,
Es fehlt dir des Himmels Tau.
Das Veilchen ist aufgeblüht,
Aber es duftet nicht,
Der März ist zu kalt und rauh.

JOHANN WOLFGANG GOETHE
Das Veilchen

Ein Veilchen auf der Wiese stand,
Gebückt in sich und unbekannt;
Es war ein herzig's Veilchen.
Da kam eine junge Schäferin,
Mit leichtem Schritt und munterm Sinn,
Daher, daher,
Die Wiese her, und sang.

Ach! denkt das Veilchen, wär' ich nur
Die schönste Blume der Natur,
Ach, nur ein kleines Weilchen,
Bis mich das Liebchen abgepflückt,
Und an dem Busen matt gedrückt!
Ach nur, ach nur,
Ein Viertelstündchen lang!

Ach! aber ach! das Mädchen kam
Und nicht in Acht das Veilchen nahm,
Ertrat das arme Veilchen.
Es sang und starb und freut sich noch:
Und sterb' ich denn, so sterb' ich doch
Durch sie, durch sie,
Zu ihren Füßen doch.

BARTHOLD HINRICH BROCKES
Die Trauben-Hyazinthe

Angenehmes Frühlingskindchen,
Kleines Trauben-Hyazinthchen,
Deiner Farb und Bildung Zier
Zeiget mit Verwundrung mir,
Von der bildenden Natur
Eine neue Schönheitsspur.
An des Stengels blauer Spitzen
Sieht man, wenn man billig sieht,
Deiner sonderbaren Blüt
Kleine blaue Kugeln sitzen,
Dran, solange sich ihr Blatt
Noch nicht aufgeschlossen hat,
Wie ein Purpurstern sie schmücket,
Man, nicht sonder Lust, erblicket.
Aber wie von ungefähr
Meine Blicke hin und her
Auf die offnen Blumen liefen,
Konnt ich, in den blauen Tiefen,
Wie aus himmelblauen Höhen,
Silberweiße Sternchen sehen,
Die in einer blauen Nacht,
So sie rings bedeckt, im Dunkeln,
Mit dadurch erhöhter Pracht,
Noch um desto heller funkeln.
Ihr so zierliches Gepränge,
Ihre Nettigkeit und Menge,

Die die blauen Tiefen füllt,
Schiene mir des Himmels Bild,
Welches meine Seele rührte,
Und durch dieser Sternen Schein,
Die so zierlich, rein und klein,
Mich zum Herrn der Sterne führte,
Dessen unumschränkte Macht,
Aller Himmel tiefe Meere,
Aller Welt und Sonnen Heere,
Durch ein Wort, hervorgebracht;
Dem es ja so leicht, die Pracht
In den himmlischen Gefilden,
Als die Sternchen hier, zu bilden.
Durch dein sternenförmig Wesen,
Gibst du mir, beliebte Blume,
Dem, der Sterne macht, zum Ruhme,
Ein' Erinnerung zu lesen,
Daß wir seiner nicht vergessen,
Sondern in den schönen Werken
Seine Gegenwart bemerken,
Seine weise Macht ermessen,
Um sie, wie in jenen Höhen,
So auf Erden auch zu sehen.

THEODOR STORM
Hyazinthen

Fern hallt Musik; doch hier ist stille Nacht,
Mit Schlummerduft anhauchen mich die Pflanzen,
Ich habe immer, immer dein gedacht;
Ich möchte schlafen; aber du mußt tanzen.

Es hört nicht auf, es rast ohn Unterlaß;
Die Kerzen brennen, und die Geigen schreien,
Es teilen und es schließen sich die Reihen,
Und alle glühen, aber du bist blaß.

Und du mußt tanzen; fremde Arme schmiegen
Sich an dein Herz; o leide nicht Gewalt!
Ich seh dein weißes Kleid vorüberfliegen
Und deine leichte, zärtliche Gestalt. –

Und süßer strömend quillt der Duft der Nacht
Und träumerischer aus dem Kelch der Pflanzen.
Ich habe immer, immer dein gedacht;
Und möchte schlafen, aber du mußt tanzen.

Tulpen

Für Mady

Wenn das blaue Maigewitter droht
Rauscht des Windes Klageruf im Tann
Durch die Beete geht der Tulpentod
Rührt die eine um die andre an.

Schöne Tulpen rot und flammenbunt
Schwarzgefleckte von der fremden Art
Die ihr länger als der junge Mond
Knospengleich auf schlankem Stiel verharrt:

Nicht vom Blitze werdet ihr gestreift
Nicht vom blanken Sensenhiebe wund
Nur, es ist ein Tag herangereift
Da ihr euch enthüllet bis zum Grund

Und begierig den Mänaden gleich
Die des Reigens wilder Rausch berückt
Blütenblatt um Blütenblatt verzweigt
Und das stolze Haupt zur Erde bückt – –

Bis ihr also wild hinübergeht
Sonne, Mond und Sternen aufgetan
Blatt um Blatt verstreuend auf dem Beet –
Rings indessen hebt der Sommer an.

KARL KROLOW

Violette Tulpen

Die violetten Tulpen
Im schlanken Vasenglas!
Du läßt die Arme sinken
Und horchst auf irgendwas.

Die Blumenkelche dunkel
Und hell der Vasenrand.
Die Zimmerstille lastet
Auf Auge, Mund und Hand.

Vorm Fenster summt der Mittag,
Dringt in die Kammer ein,
Leicht auf Kohlweißlingsflügeln,
Mit Mauerseglerschrei'n.

Die Blütenblätter wehen
Vergänglich untern Tisch.
Der Abend kommt, und Kühle
Geht durch die Räume frisch.

PAUL CELAN

Tulpen

Tulpen, ein leuchtend Gestirn
von Schwermut und süßer Gewalt,
ließ ich, dein Herz zu entwirrn:
findet dein Leben sie bald?

Was in den Kelchen geheim
ein Staubblatt mit Schimmer befiel,
schwört den unsäglichen Reim
für deinen wehen Gespiel.

Sind es die Tulpen heut, sieh,
die herrschen im Dämmergemach:
hegst du ein Dunkel noch, wie
einst, als ich Rotdorn dir brach?

ANNETTE VON DROSTE-HÜLSHOFF
Vergißmeinnicht

Ein Blümchen ist so wunderschön,
Gelobt von allen, die es sehn,
Es ist das Blümchen, welches spricht:
Vergißmeinnicht.
Dies Blümchen hab ich oft gepflückt,
Die Farbe hat mich stets entzückt,
Weil jedesmal sie zu mir spricht:
Vergißmeinnicht.

An eine Narzisse

Wie dein holdes Blumenleben in der Vase wächst und steigt!
Deine leichten Flügel schweben aus dem Wasser, das dich
säugt.

Um den Kelch aus goldner Seide, der sich faltenfein
erschließt,
Rankt sich ein Rubingeschmeide, das da flammend
überfließt.

Rings zu einem Stern gegliedert sind der Blätter Zartoval:
Eine Seele, weiß befiedert, auf des Stengels hohem Strahl.

Hüllst mich ganz in dein verklärtes, dufterfülltes
Frühlingssein
Und ich geh – ein unbeschwertes Kind – in deine Stille ein.

Der Duft der Narzissen
ist herb im Grund und dennoch zart,
wenn er mit Erdgeruch gepaart,
vom lauen Mittagswind gefaßt,
durch's Fenster kommt als stiller Gast.

Ich habe drüber nachgedacht –
das ist's, was ihn so köstlich macht:
daß er der Erstling jedes Jahr
im Garten meiner Mutter war.

Maiglöckchen

Maiglöckchen läutet in dem Tal,
Das klingt so hell und fein:
So kommt zum Reigen allzumal,
Ihr lieben Blümelein!

Die Blümchen, blau und gelb und weiß,
Die kommen all herbei:
Vergißmeinnicht und Ehrenpreis,
Zeitlos und Akelei.

Maiglöckchen spielt zum Tanz im Nu,
Und alle tanzen dann.
Der Mond sieht ihnen freundlich zu,
Hat seine Freude dran.

Den Junker Reif verdroß das sehr,
Er kommt ins Tal hinein,
Maiglöckchen spielt zum Tanz nicht mehr,
Fort sind die Blümelein.

Doch kaum der Reif das Tal verläßt,
Da rufet wiederum
Maiglöckchen zu dem Frühlingsfest
Und läutet: bim, bam, bum.

Nun hält's auch mich nicht mehr zu Haus,
Maiglöckchen ruft auch mich,
Die Blümchen gehn zum Tanz hinaus,
Zum Tanzen geh auch ich.

Eilt euch, eil dich,
die Bäume blühen!

Die Weidenkätzchen

Kätzchen, ihr, der Weide,
wie aus grauer Seide,
wie aus grauem Samt!
O ihr Silberkätzchen,
sagt mir doch, ihr Schätzchen,
sagt, woher ihr stammt.

»Wollen's gern dir sagen:
Wir sind ausgeschlagen
aus dem Weidenbaum;
haben winterüber
drin geschlafen, Lieber,
in tieftiefem Traum.«

In dem dürren Baume
in tieftiefem Traume
habt geschlafen ihr?
In dem Holz, dem harten,
war, ihr weichen, zarten,
euer Nachtquartier?

»Mußt dich recht besinnen:
Was da träumte drinnen,
waren wir noch nicht,
wie wir jetzt im Kleide
blühn von Samt und Seide
hell im Sonnenlicht.

Nur als wie Gedanken
lagen wir im schlanken
grauen Baumgeäst;
unsichtbare Geister,
die der Weltbaumeister
dort verweilen läßt.«

Kätzchen, ihr, der Weide,
wie aus grauer Seide,
wie aus grauem Samt!
O ihr Silberkätzchen,
ja, nun weiß, ihr Schätzchen,
ich, woher ihr stammt!

Eilt euch, eil dich, die Bäume blühen!

Eilt euch, eil dich, die Bäume blühen!
Voll Liebesblicken die Bäume stehen;
Eh' du hingesehen, will's schon vergehen.

Komm zu den hellen verliebten Bäumen,
Die alle Wege jetzt hochzeitlich säumen!
Sollst dich ins Licht zu ihnen stellen,
Lächeln wird spielend sich zu dir gesellen,
Daß auch dir die Blicke verliebt aufglühen.
Eilt euch, eil dich, die Bäume blühen!

Blühender Magnolienbaum

Nicht Blütenflammen sinds, die aus des Baumes
gewundnen schwarzen Leuchterarmen brechen,
nicht Kelche, deren Wölbung rötlich schimmert
an reich bestelltem Tisch, bereit zu trunknem Zechen.

Heidnischen Fests verhaltnes Ungestüm
im Kahlen dieser Welt. Der fleischge Glanz
der nackten Blütenleiber strahlt im frühen Licht,
es stolz bestehend und in feierlichem Tanz.

Des Mittags müde Glut welkt sie nicht an,
sie schimmern, Nymphen, die das Meer umkühlt,
und in den Nächten bleiben ihre Leiber wach,
von Schleiern dünngewebter Dämmerung umspielt.

Dann brechen sie und falln wie eine Frucht,
entschlossen, als verlöscht ein Licht;
und über aufgegebne, unverbrauchte Lust
legen sie dicht des dunklen Grüns Verzicht.

Flieder

Nun weiß ich noch, 's ist Frühling wieder.
Ich sah es nicht vor so viel Nacht
und lange hatt' ich's nicht gedacht.
Nun merk' ich erst, schon blüht der Flieder.

Wie fand ich das Geheimnis wieder?
Man hatte mich darum gebracht.
Was hat die Welt aus uns gemacht!
Ich dreh' mich um, da blüht der Flieder.

Und danke Gott, er schuf mich wieder,
indem er wiederschuf die Pracht.
Sie anzuschauen aufgewacht,
so bleib' ich stehn. Noch blüht der Flieder.

HERMANN HESSE

Der Blütenzweig

Immer hin und wider
Strebt der Blütenzweig im Winde,
Immer auf und nieder
Strebt mein Herz gleich einem Kinde
Zwischen hellen, dunklen Tagen,
Zwischen Wollen und Entsagen.

Bis die Blüten sind verweht
Und der Zweig in Früchten steht,
Bis das Herz, der Kindheit satt,
Seine Ruhe hat
Und bekennt: voll Lust und nicht vergebens
War das unruhvolle Spiel des Lebens.

BARTHOLD HINRICH BROCKES
Kirschblüte bei der Nacht

Ich sah mit betrachtendem Gemüte
Jüngst einen Kirschbaum, welcher blühte,
In kühler Nacht beim Mondenschein;
Ich glaubt, es könne nichts von größrer Weiße sein.

Es schien, ob wär ein Schnee gefallen.
Ein jeder, auch der kleinste Ast
Trug gleichsam eine rechte Last
Von zierlich-weißen runden Ballen.
Es ist kein Schwan so weiß, da nämlich jedes Blatt,
Indem daselbst des Mondes sanftes Licht
Selbst durch die zarten Blätter bricht,
Sogar den Schatten weiß und sonder Schwärze hat.
Unmöglich, dacht ich, kann auf Erden
Was Weißers angetroffen werden

Indem ich nun bald hin, bald her
Im Schatten dieses Baumes gehe,
Sah ich von ungefähr
Durch alle Blumen in die Höhe
Und ward noch einen weißern Schein,
Der tausendmal so weiß, der tausendmal so klar,
Fast halb darob erstaunt, gewahr.
Der Blüte Schnee schien schwarz zu sein
Bei diesem weißen Glanz. Es fiel mir ins Gesicht
Von einem hellen Stern ein weißes Licht,
Das mir recht in die Seele strahlte.

Wie sehr ich mich am Irdischen ergetze,
Dacht ich, hat Er dennoch weit größre Schätze.
Die größte Schönheit dieser Erden
Kann mit der himmlischen doch nicht verglichen
werden.

ACHIM VON ARNIM

Der Kirschbaum

Der Kirschbaum blüht, ich sitze da im Stillen,
Die Blüte sinkt und mag die Lippen füllen,
Auch sinkt der Mond schon in der Erde Schoß
Und schien so munter, schien so rot und groß;
Die Sterne blinken zweifelhaft im Blauen
Und leidens nicht, sie weiter anzuschauen.

HERMANN HESSE
Voll Blüten

Voll Blüten steht der Pfirsichbaum,
Nicht jede wird zur Frucht,
Sie schimmern hell wie Rosenschaum
Durch Blau und Wolkenflucht.

Wie Blüten gehn Gedanken auf,
Hundert an jedem Tag –
Laß blühen! laß dem Ding den Lauf!
Frag nicht nach dem Ertrag!

Es muß auch Spiel und Unschuld sein
Und Blütenüberfluß,
Sonst wär die Welt uns viel zu klein
Und Leben kein Genuß.

PETER HUCHEL

Holunder

Unter der Holunderhöhle
schliefen wir den Frühling lang,
laubkühl eine kleine Kehle
heilig uns zu Häupten sang.

In der ginsterdichten Stille
lagen wir am Wiesenhang,
nur das Dengeln einer Grille
grasig deinen Seufzer schwang.

Blätterstark im Niederwehen
der Holunder uns umschlang,
daß es deine nackten Zehen
feucht und wiesiger durchdrang.

Und der Strauch kam auf uns nieder,
daß der Halm am Boden klang,
schlug um uns das Laubgefieder,
saß in unserm Schlaf und sang.

Unter jungen Haselnüssen
schliefen wir den Frühling lang,
naß von Tau und naß von Küssen
wärmte uns der Mond am Hang.

Vom Sommer sind
sie übervoll

Butterblumengelbe Wiesen,
sauerampferrot getönt, –
o du überreiches Sprießen,
wie das Aug dich nie gewöhnt!

Wohlgesangdurchschwellte Bäume,
wunderblütenschneebereift –
ja, fürwahr, ihr zeigt uns Träume,
wie die Brust sie kaum begreift.

JOHANN WOLFGANG GOETHE
Ein Gleichnis

Jüngst pflückt' ich einen Wiesenstrauß,
Trug ihn gedankenvoll nach Haus,
Da hatten von der warmen Hand
Die Kronen sich alle zur Erde gewandt.
Ich setzte sie in frisches Glas
Und welch ein Wunder war mir das!
Die Köpfchen hoben sich empor,
Die Blätterstengel im grünen Flor,
Und allzusammen so gesund
Als stünden sie noch auf Muttergrund.

So war mir's als ich wundersam
Mein Lied in fremder Sprache vernahm.

Löwenzahn

Ich möchte eine Wiese haben
Mit lauter gelben Dolden drauf:
Die Bienen füllten ihre Waben
Mit süßem Wiesenhonig auf.

Der Löwenzahn, die Mondlaterne,
Verwehte meines Mundes Hauch.
Es flüsterten die Gräser gerne
Am Abend mit dem Pfeifenrauch.

Vielleicht kommst du, wenn Blumen brennen:
Dann biegen wir die Gräser um.
Du mußt doch ganz weich liegen können.
Ich wünsche mir die Wiese drum.

PETER HUCHEL
Löwenzahn

Fliegen im Juni auf weißer Bahn
flimmernde Monde vom Löwenzahn,
liegst du versunken im Wiesenschaum,
löschend der Monde flockenden Flaum.

Wenn du sie hauchend im Winde drehst,
Kugel auf Kugel sich weiß zerbläst,
Lampen, die stäubend im Sommer stehn,
wo die Dochte noch wolliger wehn.

Leise segelt das Löwenzahnlicht
über dein weißes Wiesengesicht,
segelt wie eine Wimper blaß
in das zottige wogende Gras.

ROSE AUSLÄNDER
Löwenzahn

Astralzarte Kugel

laß mich
einen unverläßlichen
Augenblick lang

eh der Wind
dich entatmet

laß mich
dein mathematisches
Wunder
rühmen

Mondenweißer Jasmin

Mondenweißer Jasmin,
Duftest so zärtlich bang.
Ach, wie die Tage fliehn!
Schon naht des schönen Sommers Untergang.

Alles verblüht, verweht,
Blumen und Menschen auch.
Was wir so heiß erfleht,
Schwindet dahin wie ferner Höhenrauch.

Einst sinkt stolzeste Macht,
Herrlichster Stamm zerbricht,
Und es erlischt in Nacht
Auch der Liebe süßes, heiliges Licht.

Rosen, ihr blendenden,
Balsam versendenden!
Flatternde, schwebende,
Heimlich belebende,
Zweiglein beflügelte,
Knospen entsiegelte,
Eilet zu blühn.

Der Sturm

Steht ein Rosenstrauch in deinem Garten
und er ist noch gar nicht grün.
Und du kannst es kaum erwarten,
daß die erste Knospe komme, zart und dünn,
und daß sie verkünde neues Leben.
Wartest, wartest voller Angst und Beben,
bis ein Morgen kommt – und sie ist da.

Und sie ist so fein und schlank und hell,
ganz geschlossen noch und kaum gesehn
und du möchtest, daß sie aufbricht, ganz, ganz schnell,
da du weißt, wie rasch die Zarten untergehn.
Doch es enteilt ein Tag und es enteilt ein zweiter
und die Himmel werden blauer, werden weiter
und die Knospe bricht nicht auf.

Und du weißt: wenn jetzt ein Frost kommt, stirbt sie,
stirbt und hat das Leben nicht gelebt.
Möchtest gerne helfen und weißt doch nicht wie,
fürchtest sehr, daß nicht ein Wind sich hebt,
der sie dir vom Stamme bricht –
in der Nacht, du schläfst und siehst es nicht,
und sie ist bei Tag schon tot.

Kommt dann eine Nacht, und Stürme brausen um dein
    Haus,

um dein Haus, mit den verschloßnen Toren.
Und du bäumst dich auf und willst und willst hinaus
und dir klingt's wie Wimmern in den Ohren.
Endlich bist du draußen – und du siehst den Rosenstrauch
   dir an –
Sieh – es ist die Knospe aufgebrochen.
Was die Sonne nicht vermocht' in langen Wochen,
hat ein einz'ger Sturm getan.

[Rosenknospen:]
Doch wir halten uns versteckt,
Glücklich wer uns frisch entdeckt!
Wenn der Sommer sich entzündet
Rosenknospe sich verkündet,
Wer mag solches Glück entbehren?
Das Versprechen, das Gewähren!
Das beherrscht, in Florens Reich,
Blick und Sinn und Herz zugleich.

Rosen

Bist du kommen, um zu lieben,
So nimm unsre Blüte wahr,
Wir sind rötend stehn geblieben,
Prangen in dem Frühlingsjahr.
Als ein Zeichen sind die Büsche
Mit den Rosen überstreut,
Daß die Liebe sich erfrische,
Ewig jung sich stets erneut.
Wir sind Lippen, rote Küsse,
Roter Wangen sanfte Glut,
Wir bedeuten Liebesmut,
Wir bezeichnen, wie so süße
Herz und Herz zusammenneigt,
Liebesgunst aus Lippen steigt.

Küsse sind verschönte Rosen
Der Geliebten Blütezeit,
Und ihr süßes, süßes Kosen
Ist der Wünsche schön Geleit,
Wie die Rose Kuß bedeut't,
So bedeut't der edle Kuß
Selbst der Liebe herrlichsten Genuß.

Liebe ist es, die die Röte
Allerwege angefacht,
Liebend kommt die Morgenröte,

Rot steigt nieder jede Nacht:
Rosen sind verschämte Röte,
Sind die Ahndung, sind der Kuß:
In Granaten flammt die Röte,
Brennt in Purpurs voller Pracht,
Deuten uns den innigsten Genuß.

FRIEDRICH HÖLDERLIN
An eine Rose

Ewig trägt im Mutterschoße,
Süße Königin der Flur!
Dich und mich die stille, große,
Allbelebende Natur;
Röschen! unser Schmuck veraltet,
Stürm' entblättern dich und mich,
Doch der ewge Keim entfaltet
Bald zu neuer Blüte sich.

HERMANN HESSE
Nelke

Rote Nelke blüht im Garten,
Läßt verliebte Düfte glühen,
Will nicht schlafen, will nicht warten,
Einen Trieb nur hat die Nelke:
Rascher, heißer, wilder blühen!

Eine Flamme seh ich prangen,
Wind in ihre Röte rennen,
Und sie zittert vor Verlangen,
Einen Trieb nur hat die Flamme:
Rascher, rascher zu verbrennen!

Du in meinem Blute innen,
Liebe du, was soll dein Träumen?
Willst ja nicht in Tropfen rinnen,
Willst in Strömen, willst in Fluten
Dich vergeuden, dich verschäumen!

GÜNTER EICH

Lupinen

Einst ein gelbes Feld Lupinen
hinter Kiefern, hinter Mohn,
heute mir als Duft erschienen, –
ach, das Herz verdrießt mich schon.

Der ich einmal war, der Knabe,
Blütenähre in der Hand,
wußt ich vieles, weiß ich wenig,
rauscht die Welt am Grabenrand?

In der Ferne knarrt ein Wagen,
lockt mich süßer in Betäubung.
Dunkler Ton von Flügelschlagen
bleibt als Raunen der Bestäubung.

War es damals, ist es heute?
Blatt und Blüte, hohes Ziel!
Nehm ich einen Duft als Beute,
meine ich, es wäre viel.

Oft verstört mich fern ein Wagen,
Flügelschlag tönt wie ein Feuer.
Daß ich ohne Schuld gewesen,
füllt das Herz mir ungeheuer.

Duftende Lupinenflamme, –
knarrt der Sonnenwagen selber?
Nein, das Land, woher ich stamme,
summte dunkler, glänzte gelber.

Der Mohn

Wie dort, gewiegt von Westen,
Des Mohnes Blüte glänzt!
Die Blume, die am besten
Des Traumgotts Schläfe kränzt;
Bald purpurhell, als spiele
Der Abendröte Schein,
Bald weiß und bleich, als fiele
Des Mondes Schimmer ein.

Zur Warnung hört' ich sagen,
Daß, der im Mohne schlief,
Hinunter ward getragen
In Träume, schwer und tief;
Dem Wachen selbst geblieben
Sei irren Wahnes Spur,
Die Nahen und die Lieben
Halt' er für Schemen nur.

In meiner Tage Morgen,
Da lag auch ich einmal,
Von Blumen ganz verborgen,
In einem schönen Tal.
Sie dufteten so milde!
Da ward, ich fühlt' es kaum,
Das Leben mir zum Bilde,
Das Wirkliche zum Traum.

Seitdem ist mir beständig,
Als wär' es so nur recht,
Mein Bild der Welt lebendig,
Mein Traum nur wahr und echt;
Die Schatten, die ich sehe,
Sie sind, wie Sterne, klar.
O Mohn der Dichtung! wehe
Ums Haupt mir immerdar!

PETER HUCHEL
Die Sonnenblume

Drei Laub an einer Sonnenblum
umblühn den Beerentisch.
Ein Vogel pickt an schwarzer Krum
und stöbert im Gebüsch.

Das spröde Holz am Brombeerzaun
trägt auswärts Früchte viel,
ganz erdige, von Sonne braun
und Regen innen kühl.

Wo alles steht streng ausgereift,
wer prüft und erntet recht?
Der schwarze Vogel pickt und pfeift
und schont die Wurzel schlecht.

KARL KROLOW

Sonnenblumen

Gewaltig schwenken sie ihr Haupt.
Sie wuchsen stark im Fleische auf.
Sie prahlen breit und fettbelaubt
Und drehn sich nach dem Sonnenlauf.

Sie raubten Feuer dem Gestirn
Und hüten gelb ihr fremdes Licht.
Es schlägt der Tag mit Flammen dicht
Aus ihrem Geist, sengt Pflaum' und Birn'.

Sie lodern steil und mittagstoll
Und leuchten groß wie ihr Geschick.
Gewitter fassen ihr Genick.
Vom Sommer sind sie übervoll.

Bis eines Tags der Sperling praßt,
Mit scharfem Schnabel sie zerfleischt.
Sie sterben sanft und ohne Hast.
Der Häher ihren Tod bekreischt.

REINHOLD SCHNEIDER

Die Sonnenblumen unterm Mond

Sehnsüchtig-still des Lichtes Widerschein
Trinkt ihr zur Nacht. So ist die Nacht auch mein
Und erste Frühe, eh das Dämmer fällt.
O milder Glanz der unentweihten Welt!
O Glück, das Licht vom Monde zu empfangen,
Der fast zu Ende seinen Weg gegangen.

Sie atmen kaum; die Wolke wandert nicht.
Des Lichts Traum, ist's nicht das wunderbarste Licht?
Beim Vogellaut, der lang vorm Tage schweigt,
Stehn sie betaut, von nachtgereifter Frucht geneigt.
Und schlummernd, wie vom Wind das Korn erwacht,
Erschauern sie und treten zögernd aus der Nacht.

Sonnenblume

Ich nenn dich anders: Lebensblume.
Denn nur dein Rand glänzt sonnenklar,
das Innre liegt wie eine Ackerkrume
voll Fragen und Gefahr.

Hier ist das Schwerste: Zeugen und Empfangen,
unstätes Dunkel, das nach Frucht und Licht sich sehnt.
Doch dieser Dunkelheit ist eine Sonne aufgegangen,
die sie mit goldnem Lichtreif krönt.

RAINER MARIA RILKE

Blaue Hortensie

So wie das letzte Grün in Farbentiegeln
Sind diese Blätter, trocken, stumpf und rauh,
Hinter den Blütendolden, die ein Blau
Nicht auf sich tragen, nur von ferne spiegeln.

Sie spiegeln es verweint und ungenau,
Als wollten sie es wiederum verlieren,
Und wie in alten blauen Briefpapieren
Ist Gelb in ihnen, Violett und Grau;

Verwaschnes wie an einer Kinderschürze,
Nichtmehrgetragnes, dem nichts mehr geschieht:
Wie fühlt man eines kleinen Lebens Kürze.

Doch plötzlich scheint das Blau sich zu verneuen
In einer von den Dolden, und man sieht
Ein rührend Blaues sich vor Grünem freuen.

HERMANN HESSE
Enzianblüte

Du stehst von Sommerfreude trunken
Im seligen Licht und atmest kaum,
Der Himmel scheint in deinen Kelch versunken,
Die Lüfte wehn in deinem Flaum.

Und wenn sie alle Schuld und Pein
Von meiner Seele könnten wehen,
So dürft ich wohl dein Bruder sein
Und stille Tage bei dir stehen.

So wäre meinen Weltenfahrten
Ein selig leichtes Ziel ersehn,
Gleich dir durch Gottes Träumegarten
Als blauer Sommertraum zu gehn.

RAINER MARIA RILKE

Rosa Hortensie

Wer nahm das Rosa an? Wer wußte auch,
daß es sich sammelte in diesen Dolden?
Wie Dinge unter Gold, die sich entgolden,
entröten sie sich sanft, wie im Gebrauch.

Daß sie für solches Rosa nichts verlangen.
Bleibt es für sie und lächelt aus der Luft?
Sind Engel da, es zärtlich zu empfangen,
wenn es vergeht, großmütig wie ein Duft?

Oder vielleicht auch geben sie es preis,
damit es nie erführe vom Verblühn.
Doch unter diesem Rosa hat ein Grün
gehorcht, das jetzt verwelkt und alles weiß.

LUDWIG UHLAND
Die Malve

Wieder hab' ich dich gesehen,
Blasse Malve! blühst du schon?
Ja! mich traf ein schaurig Wehen,
All mein Frühling welkt davon.
Bist du doch des Herbstes Rose,
Der gesunknen Sonne Kind,
Bist die starre, düftelose,
Deren Blüten keine sind.

Gerne wollt' ich dich begrüßen,
Blühtest du nicht rosenfarb,
Lögst du nicht das Rot der Süßen,
Die noch eben glüht' und starb.
Heuchle nicht des Lenzes Dauer!
Du bedarfst des Scheines nicht;
Hast ja schöne, dunkle Trauer,
Hast ja weißes, sanftes Licht.

Ihr verblühet, süße Rosen,
Meine Liebe trug euch nicht;
Blühtet, ach! dem Hoffnungslosen,
Dem der Gram die Seele bricht!

Jener Tage denk' ich trauernd,
Als ich, Engel, an dir hing,
Auf das erste Knöspchen lauernd
Früh zu meinem Garten ging;

Alle Blüten, alle Früchte
Noch zu deinen Füßen trug,
Und vor deinem Angesichte
Hoffnung in dem Herzen schlug.

Ihr verblühet, süße Rosen,
Meine Liebe trug euch nicht;
Blühet, ach! dem Hoffnungslosen,
Dem der Gram die Seele bricht!

KLABUND

Die letzte Kornblume

Sie ging, den Weg zu kürzen, übers Feld.
Es war gemäht. Die Ähren eingefahren.
Die braunen Stoppeln stachen in die Luft,
Als hätte sich der Erdgott schlecht rasiert.
Sie ging und ging. Und plötzlich traf sie
Auf die letzte blaue Blume dieses Sommers.
Sie sah die Blume an. Die Blume sie. Und beide dachten
(Sofern die Menschen denken können, dachte die
    Blume ...)
Dachten ganz das gleiche:
Du bist die letzte Blüte dieses Sommers,
Du blühst, von lauter totem Gras umgeben.
Dich hat der Sensenmann verschont,
Damit ein letzter lauer Blütenduft
Über die abgestorbene Erde wehe –
Sie bückte sich. Und brach die blaue Blume.
Sie rupfte alle Blütenblätter einzeln:
Er liebt mich – liebt mich nicht – er liebt mich ... nicht. –
Die blauen Blütenfetzen flatterten
Wie Himmelsfetzen über braune Stoppeln.
Ihr Auge glänzte feucht – vom Abendtau,
Der kühl und silbern auf die Felder fiel
Wie aus des Mondes Silberhorn geschüttet.

ERNST STADLER

Die Rosen im Garten

Die Rosen im Garten blühn zum zweiten Mal.
Täglich schießen sie in dicken Bündeln
In die Sonne. Aber die schwelgerische Zeit ist dahin,
Mit der ihr erstes Blühen sich im Hof des weiß und roten
    Sternenfeuers wiegte.
Sie springen gieriger, wie aus aufgerissenen Adern
    strömend,
Über das heftig aufgeschwellte Fleisch der Blätter.
Ihr wildes Blühen ist wie Todesröcheln,
Das der vergehende Sommer in das ungewisse Licht des
    Herbstes trägt.

Sommer verglüht

Dahlien, Astern, Gladiolen, Georginen,
Mild von der gelben Sonne beschienen,

Drängen prunkend über den Gartenzaun,
Und allüberragend die Sonnenblumen schaun

Mit den großen gelben Gesichtern, den guten,
Während die Rosen sanft verbluten.

Aus der Dorfkirche leises Orgelgebrumme,
Um die prallblauen Trauben Bienengesumme.

Und Nebel steigt auf aus dem feuchten Garten
In Laubkronen, wo die Äpfel verdämmern, die harten.

Und in der Efeulaube auf dem Eisentische
Die bläulich schimmernden, süßduftenden Fische

Und Wein, schwarzrot, und Butter und Brot
Und die Fackel des Monds, die überm Garten loht,

Und Gelächter, Umarmung, Geflüster und Kuß
Und der kühlen Nächte verschwieg'ner Genuß,

Und der braunen Geige dunkler Gesang,
Wie satt das über die Wiesen klang.

Und Jungens, die schwimmen im schwarzen Fluß
Und heben dumpf jauchzend den Arm zum Gruß,

Und Kühe, leibschwere, im Wiesendunst
Muhn auf zu dem Mond. O schlürfe die Gunst,

Die letzte, des Sommers voll in dich ein,
Noch einmal dürfen berauscht wir sein.

Wie alles am tiefsten in Farben glüht,
Bevor es sich neigt und von uns zieht,

Wie Leben, kurz vor dem Untergang,
Bricht aus in flammenden Überschwang

Und dunkel flutenden Lobgesang!

Die letzte Rose

FRIEDERIKE MAYRÖCKER

Paradies- und Schlangenbaum, Ende August

zwillings-
farben Backe an Backe
im wilden Geäst die tiefroten
Äpfel lila
Herkulesblüten am brennenden
Feldrain schattet
der Phlox zwischen Lobelien
weiszen Faltern in den weiszhäutigen
Bäumen
des Häuslers Kind :
lianenhaft
wipfelleicht im Gezweig Herz
eines Vogels

für Siegfried J. Schmidt

ROSE AUSLÄNDER
Spätsommer

Die Farben der Anemonen
werden bleich

Mach dir nichts vor
es geht zu Ende

Unsichtbare Raubtiere
schleichen
um deine Lebenslust

Angst durchbohrt
deinen Sommertraum

Bald
blühen Eisblumen

Erfinde
ein Apfellied

Später Mohn

Rot überm Rüben-
acker entflammt,
Mohn, der von drüben
dem Acheron stammt,
wie der Oktober ihn pflückt,
von alternder Sonne berückt.

Dunkler am Blüten-
grunde bestaubt,
hebt sich aus Mythen
entschlummert ein Haupt.
Charon mit Helios scheint
in Hufschlag und Ruder vereint.

Mohn, ist das Schreien
eben verstummt,
weich in die Schleier
des Herbstes gemummt,
wie er die Schönheit bedenkt,
die Lider zum Schlafe gesenkt?

MAX DAUTHENDEY

Die bunten Astern

Die bunten Astern sind wie ein Regenbogen
In den nassen Garten eingezogen,
Wie Gesichter, die schon etwas frieren.
Die großen Äpfel an den Spalieren,
Die hängen wie trutzige Köpfe dort;
Bald trägt sie mein Schatz in der Schürze fort.
Der Morgen ist kalt und die Blätter sind alt;
Bald hat die Nacht ständig die Obergewalt.
Und wenn die Astern den Garten verlassen,
Wird der Winter die Menschen anfassen.
Trag jeder seinen Garten beizeiten ins Haus,
Bei einem Schatz geht der Sommer nicht aus.

CHRISTIAN WAGNER
Distelhäupter am Weg

So wie sich Greise ergehn beim Sonnschein, abends,
   so stehen
Distelhäupter am Weg. Weit glänzt ihr silbernes
   Haupthaar. –
Leicht mag ihnen der Tod wohl werden, wenn nächstens
   das große
Sterben beginnt in Wald, auf Feldflur, Heide und Talgrund.

RICARDA HUCH

Herbstzeitlose

Schon entflammt die blasse Herbstzeitlose;
Auf der Wiese jüngst im Abendscheine
Hört' ich ihr Geflüster und Gekose:
Sommer schwand, ich blühe noch alleine;
Kommt herbei, ihr letzten Schmetterlinge!
Trag ich auch ein bleiches Sterbekleid,
Flattert auch zum Grabe eure Schwinge:
Süß ist Liebe, die dem Tod geweiht.

DETLEV VON LILIENCRON

Herbst

Astern blühen schon im Garten,
Schwächer trifft der Sonnenpfeil.
Blumen, die den Tod erwarten
Durch des Frostes Henkerbeil.

Brauner dunkelt längst die Heide,
Blätter zittern durch die Luft.
Und es liegen Wald und Weide
Unbewegt in blauem Duft.

Pfirsich an der Gartenmauer,
Kranich auf der Winterflucht.
Herbstes Freuden, Herbstes Trauer,
Welke Rosen, reife Frucht.

Den gelben Astern ein Lied

Sie blicken durch den Regen hell mich an,
so licht, daß sie die Sonne mir ersetzen.
Und gar nichts von des Regens Trauer kann
die leuchtend gelbe Freude mir verletzen.
Auflachend neigen sie sich in dem Grün,
das rein und frisch ihr Lachen mir begleitet –
ich leg' ihnen mein Lied zu Füßen hin,
weil sie mir eine Freude heut bereitet.

GOTTFRIED BENN
Astern

Astern – schwälende Tage,
alte Beschwörung, Bann,
die Götter halten die Waage
eine zögernde Stunde an.

Noch einmal die goldenen Herden
der Himmel, das Licht, der Flor,
was brütet das alte Werden
unter den sterbenden Flügeln vor?

Noch einmal das Ersehnte,
den Rausch, der Rosen Du –
der Sommer stand und lehnte
und sah den Schwalben zu,

noch einmal ein Vermuten,
wo längst Gewißheit wacht:
die Schwalben streifen die Fluten
und trinken Fahrt und Nacht.

PETER GAN

Auf eine Oktoberrose

Herbstzeitlose, Wintervorverkündende,
Fieberflamme im entlaubten Strauch,
Brand im Nebelrauch,
wie in dir das reif sich ründende

Jahr, wie das sich sanft ins Strenge findende
still verträumt im blassen Überall,
wenn der Flockenfall
leis, der Eis und Schnee verkündende,

anhebt, wie das sinkend und verschwindende
untergeht in weißer Helligkeit,
und es schneit und schneit.
Du, wie einst Homer, erblindende

Rose! unser Jahr,
das in deinem Kelch sich ründende, –
alles wurde wahr!
Und du bist die dies Verkündende.

GEORG VON DER VRING
Die letzte Rose

Wer hat dieser letzten Rose
Ihren letzten Duft verliehn?
Tritt hinaus ins Sonnenlose,
Atme ihn und spüre ihn,

Wie er rot im Offenbaren
Und verschwebender wie Wein
Wesen kündet, die nie waren
Und die hier nie werden sein.

Eisblumen

JOSEF MÜHLBERGER
Rose vor nahem Winter

Der alte Rosenstrauch ist nur mehr ein Gewirr
von schmerzgekrümmtem Stamm und dunklen Ästen,
und Dornen brechen grell aus dem Verwesten
der Zweige, die wie Haare welk und irr.

Die Blätter sind zu kaltem Erz erstarrt,
sie müssen nur noch brechen und zerfallen;
vom frostgen Winde angerührt, klingt's nur wie Lallen
von Einem, den die Welt genarrt.

Doch eine letzte Rose leuchtet hinter dorngen Gittern,
gebeugt, bestreut von erstem Schnee.
Sie ist mein Herz in dieser Welt: voll Weh
und voll der bittern Trauer Zittern.

Sanft duftend, rot, gereift in flammenden Gewittern,
wie Seide weich und streng wie unter ihr der klare See,
drängt ihre todgeweihte Schönheit: fluch und fleh
und hilf die herbstverfallne Welt entbittern!

EDUARD MÖRIKE

Auf eine Christblume

Tochter des Walds, du Lilienverwandte,
So lang von mir gesuchte, unbekannte,
Im fremden Kirchhof, öd und winterlich,
Zum erstenmal, o schöne, find ich dich!

Von welcher Hand gepflegt du hier erblühtest,
Ich weiß es nicht, noch wessen Grab du hütest;
Ist es ein Jüngling, so geschah ihm Heil,
Ists eine Jungfrau, lieblich fiel ihr Teil.

Im nächtgen Hain, von Schneelicht überbreitet,
Wo fromm das Reh an dir vorüberweidet,
Bei der Kapelle, am kristallnen Teich,
Dort sucht ich deiner Heimat Zauberreich.

Schön bist du, Kind des Mondes, nicht der Sonne;
Dir wäre tödlich andrer Blumen Wonne,
Dich nährt, den keuschen Leib voll Reif und Duft,
Himmlischer Kälte balsamsüße Luft.

In deines Busens goldner Fülle gründet
Ein Wohlgeruch, der sich nur kaum verkündet;
So duftete, berührt von Engelshand,
Der benedeiten Mutter Brautgewand.

Dich würden, mahnend an das heilge Leiden,
Fünf Purpurtropfen schön und einzig kleiden:
Doch kindlich zierst du um die Weihnachtszeit
Lichtgrün mit einem Hauch dein weißes Kleid.

Der Elfe, der in mitternächtger Stunde
Zum Tanze geht im lichterhellen Grunde,
Vor deiner mystischen Glorie steht er scheu
Neugierig still von fern und huscht vorbei.

Im Winterboden schläft, ein Blumenkeim,
Der Schmetterling, der einst um Busch und Hügel
In Frühlingsnächten wiegt den samtnen Flügel;
Nie soll er kosten deinen Honigseim.

Wer aber weiß, ob nicht sein zarter Geist,
Wenn jede Zier des Sommers hingesunken,
Dereinst, von deinem leisen Dufte trunken,
Mir unsichtbar, dich Blühende umkreist?

Die weiße Weihnachtsrose

Wenn über Wege tiefbeschneit
der Schlitten lustig rennt,
im Spätjahr in der Dämmerzeit,
die Wochen im Advent,
wenn aus dem Schnee das junge Reh
sich Kräuter sucht und Moose,
blüht unverdorrt im Frost noch fort
die weiße Weihnachtsrose.

Kein Blümchen sonst auf weiter Flur;
in ihrem Dornenkleid
nur sie, die niedre Distel nur
trotz allem Winterleid;
das macht, sie will erwarten still,
bis sich die Sonne wendet,
damit sie weiß, dass Schnee und Eis
auch diesmal wieder endet.

Doch ist's geschehn, nimmt fühlbar kaum
der Nächte Dunkel ab,
dann sinkt mit einem Hoffnungstraum
auch sie zurück ins Grab.
Nun schläft sie gern; sie hat von fern
des Frühlings Gruß vernommen,
und o wie bald wird glanzumwallt
er sie zu wecken kommen.

Feuerlilie

Winters, als die Äste krachten,
keine Bäche konnten frieren,
weil die Fluten Blutes ihren
Pulsschlag immer neu entfachten.

Als die Zeit kam, da die Blume
aufwacht und der Vogel flötet,
sprang die Lilie selbst gerötet
aus der todgedüngten Krume.

Eisblumen

Blumen, zärtlich hingehaucht,
Tief vom Frost umfangen,
Hold in halbes Licht getaucht,
Sind mir aufgegangen.

Sonder Zahl. Sind froh erwacht
Aus dem Nebelgrunde,
Blühen mir zur nahen Nacht
Stunde wohl um Stunde.

Leben leicht und ohne Not
Wie die Sommerfalter.
Leise ist ihr Blumentod,
Schnell und ohne Alter.

FRIEDERIKE MAYRÖCKER
die Gewächshausblumen in Bad Aussee

Tränenbinderei : Trauerbinderei auf dem Schild
der Gärtnerei, welche mit hängenden Rosen, Glyzinien,
Drachenblumen mich anzieht : lockt dasz ich absichtslos
folge den BLUMENPROSPEKTEN, Strohballen über den
 Treib-
hausdächern, junge Trompetenbäume, Engeltrompeten
 mit fahlen
bräunlich vergilbten Blütenglocken, die tropischen
Hallen, *bei Hölderlin heiszt der Himmel die Halle*, schreibt
Peter Waterhouse, Lebensbaum Baldachine, Fuchsien
 Haine,
Forellen Begonien, ich frage nach den Namen der Blumen,
die hohen Stauden geduckt unter dem Glasdach, der
Glühbirnen Gärtner nickt mir zu, plötzlich die
Vorstellung : scheckige Kuh grasend in einem Wäldchen
die kleine Geduld, Taglilie, Flammendolde und Phlox :
der seit Kindertagen geliebte, Gauklerblume, Ginster
gelblich und rot, Wäscherei : Plätterei vielleicht
Glätterei, die groszen Tröge mit Blumenerde, hohe
Gestrüppfelder, Thymian,
und dann, mit dem Topolino …

(»der Himmel wird vorübergetragen«)

für Herbert Kapfer

JOSEF MÜHLBERGER
Orchidee

Ich brachte dir die fremde Blume
nicht als Geschenk,
ich brachte deiner Schönheit sie zum Ruhme –
Herz, bedenk!

Ich sagte: »Nimm sie an als dir verwandte!«
Du danktest glückbefangen;
mich fror in meiner Seele herbstverhangnem Lande
vor Bangen.

Sie leuchtet wie die duftumhauchten Flügel,
noch kaum erblüht,
wie Schmelz der Traube, die am Hügel
in Sonne glüht,

wie Schlangenglanz in warmen, grünen Schatten,
und schrecklich sacht,
kühl blickend in der Mittagsglut Ermatten
und klar und wach bei Nacht.

Von all dem aber bin ich ausgestoßen,
was du selbst bist,
wenn auch mein Herz in seiner großen
Beklommenheit darauf vergißt …

Du hielt'st die Blüte, lächeltest unsäglich
und danktest noch einmal dafür,
und weißt doch nicht, daß sie das Bild für mein vergeblich
Heimweh nach dir.

WILHELM BUSCH

Das traurige Röslein

Ein Röslein war gar nicht munter,
Weil es im Topfe stand,
Sah immer traurig hinunter
Auf die Blumen im freien Land.
Die Blumen nicken und winken.
Wie ist es im Freien so schön
Zu tanzen und Tau zu trinken
Bei lustigem Windeswehn.
Von bunten Schmetterlingen
Umgaukelt, geschmeichelt, geküßt;
Dazwischen der Vöglein Singen
Anmutig zu hören ist.
Wir preisen dich und loben
Dich, fröhliche Sommerzeit;
Ach, Röslein am Fenster droben,
Du tust uns auch gar zu leid.
Da ist ins Land gekommen
Der Winter mit seiner Not.
In Schnee und Frost verklommen
Die Blumen sind alle tot.
Ein Mägdlein hört es stürmen,
Macht fest das Fenster zu.
Jetzt will ich dich pflegen und schirmen,
Du liebes Röslein du.

ROBERT WALSER
Blumen

Ich bange nach dem ersten Blumenstrauße,
nach einem Blumenstrauß, der köstlich
wie unbesorgtes Leben duftet.
Gleich kann es nicht sein, denn der Winter
ist allzusehr noch auf der Wiese,
die Sträuße gibt, doch meine Sehnsucht
pflückt jetzt schon hunderttausend Blumen.
Wie duften sie, wie necken alle
die kleinen zärtlichen Geschöpfe
in meiner Seele – Blumensträuße
sind jetzt das Bangen meiner Seele.

FRIEDRICH RÜCKERT

Schneeglöckchen

Der Schnee, der gestern noch in Flöckchen
Vom Himmel fiel,
Hängt nun geronnen heut' als Glöckchen
Am zarten Stiel.
Schneeglöckchen läutet, was bedeut's
Im stillen Hain?
O komm geschwind! Im Haine läutet's
Den Frühling ein.
O kommt, ihr Blätter, Blüt' und Blume,
Die ihr noch träumt,
All zu des Frühlings Heiligtume
Kommt ungesäumt!

RAINER MARIA RILKE
Die Sprache der Blumen

Und glaubst du gleich den Worten nicht,
die ich dir hoffend schrieb –
die Sprache, die die Blume spricht,
verstehst du doch, mein Lieb.

WENN dein Fuß dort fürder schreitet,
wo die Fluren üppig stehn –
glaub mir, jede Blume deutet
viel dir – kannst du sie verstehn.

Wenn ein Hauch von zarten Winden
leise lispelt durch die Flur –
horche, was sie dir verkünden
all die Kinder der Natur: –

Amaryllis
Mögen mich auch alle hassen,
leis wend ich mein Haupt zu dir.
Sieh, ich fühl mich so verlassen,
komm, Geliebte, komm zu mir.

Nemorilla
Leuchten droben dort die Sterne,
öffne ich mein Blütenkleid.
Ja, mein Freund, ich komme gerne,
nur bestimme du die Zeit.

Stachelbeere (Ribes grossularia)
Schaffe dir, vernimm die Lehre, –
strebend deinen eignen Herd.
Diesem Wirken ziemet Ehre,
Häuslichkeit giebt hohen Wert.

Eiche (Quercus)
Freund, bei jedem deiner Werke,
daß dein Arm dir nie erschlafft,
traue auf die eigne Stärke,
traue auf die eigne Kraft.

Hollunder (Syringa vulgaris)
Unheil droht dir unabwendig:
Rose glänzt zwar, doch sie sticht.
Ich nur bleibe stets beständig,
glaube mir, verkenn mich nicht.

Rittersporn (Delphinium)
Sagt dir nicht ein tief Verlangen,
siehst du mich im weiten Feld
stolz vor allen andern prangen:
Mutigen gehört die Welt!?

Immergrün
Hat auch mancher Blitz getroffen, –
alle Blitze töten nicht.
Immer giebt ein neues Hoffen
neue frohe Zuversicht.

Camelie (Camellia)
Nie sprachst du ein Wort von Milde,
das so wohl dem Ohre schallt.
Scheinst gleich einem Marmorbilde
stolz und schön, doch rauh und – kalt.

Weißdorn (Crataegus)
Wag es nimmer mich zu brechen,
bald schon hättest du's bereut –
denn, mein Freund, ich müßte stechen,
tät es mir auch noch so leid.

Frauenschuh (Cypripedium)
Überlege, überlege
jeden Umstand vor der Tat
und erwäge, Freund, erwäge
sogleich jeden guten Rat.

Aster (aster chinensis)
Scheint die Sonne kalt und trüber –
in die Zukunft wend den Blick.
Sieh! der Winter geht vorüber
und der Frühling kehrt zurück!

Schneeball
Gestern hast du mir versprochen
Lieb und Treu zu jeder Frist.
Heute schon dein Wort gebrochen; –
wie veränderlich du bist!

Levkoie

Tief hat mich dein Spott getroffen,
den ich bitter gar empfand –
dennoch biet ich frei und offen
zur Versöhnung dir die Hand.

Primel

Nimmer will ich höher streben,
denn ich lieb mein schlichtes Kleid.
Glaub, das höchste Glück im Leben
liegt in der Zufriedenheit.

Heckenrose

Täusche, Falscher, nicht mein Hoffen,
wie das Herz, mit dem du spielst!
O! so sag mir frei und offen
was du denkst und was du fühlst.

Epheu

Aufwärts streb ich zu der Höhe,
auf – zu deinem Fenster sacht ....
Lang schon such ich deine Nähe,
die mich, ach! so glücklich macht.

Brennende Liebe

Nur drei Worte sind vonnöten,
bergen Seligkeit in sich –
sieh mich zittern, mich erröten
und vernimm: Ich liebe dich! –

Pantoffelblume

Herrschsucht macht die Liebe schwinden,
und mit ihr enteilt das Glück,
nie wirst du sie wiederfinden,
ganz kehrt nie sie mehr zurück.

Veilchen

Schlicht nur bist du stets gewesen,
unbedeutend oft und klein,
dennoch nimmt dein liebes Wesen
jeden, jeden für dich ein.

Pelargonium

Trag ich doch an meinem Schmerze
wirklich schon genug und schwer;
laß mir Ruhe; – deine Scherze,
sie verwunden mich noch mehr.

Hyazinthe

Tief im Herzen zieht ein Weben
ach, so hold, so selig ein:
Dir gehört mein ganzes Leben,
dir gehört mein ganzes Sein.

Narzisse

Hast du herzlos auch getrieben
loses Spiel; mich oft betrübt, –
dennoch muß ich stets dich lieben –
wie ich immer – dich geliebt.

Winde

Nur der Schmeichler will dich schonen.
Wahrer Freund dir wahr stets spricht,
willst du's dankend ihm entlohnen,
dein Vertraun entzieh ihm nicht.

Georgine

Lohn wird dir zu allen Zeiten
ohne Müh und Arbeit nie.
Liebe mußt du auch erstreiten;
denn nur dann verdienst du sie.

Myrte

Was ich kaum zu denken wagte,
meiner Träume holdes Bild,
– eh der junge Morgen tagte,
hat mein Glück sich schon erfüllt!

Christusauge

Nicht die Schönheit, nicht die Jugend
frommen wohl am meisten dir.
Nur Bescheidenheit und Tugend
sind des Weibes höchste Zier.

Klee

Wenig ists – was ich verkünde,
daß ich Herzen innig band.
Jenes Band, mit dem ich binde,
Freundschaft wirds allhier genannt.

Stiefmütterchen

Schließe stets dein Ohr und meide
die da schwatzen bös und schlecht.
Sei auf deiner Hut und scheide
streng den Irrtum von dem Recht.

Bandgras

Wie am Rosenblatt, dem süßen
saugt der Schmetterling – so lind,
so muß ich und müßt ichs büßen –
küssen dich, – du schönes Kind.

Apfelblüte

Wenn auch Wogen wild sich stauen,
vorwärts wende deinen Blick.
Dorten in der nebelgrauen
fernen Zukunft liegt dein Glück.

Vergißmeinnicht

Löschen dieses Lebens Gluten,
ich bleib dennoch frisch und jung;
denn ich wahre allen Guten
süßes Glück: Erinnerung!

Passionsblume

Ziehn auch Wolken schwer und trübe,
nie verliere, Freund, den Mut,
traue, glaube, hoffe, liebe ....
alles wird einst wieder gut. –

–

Und die Blümlein alle sagen
dir so viel, vernimmst es du!
Lispeln in des Unglücks Tagen
süße Tröstung leis dir zu.

Glücklich jeder, dem sie's künden,
geht er hin durchs weite Feld –
er allein wird stets empfinden
wahre Lust an dieser Welt.

Er traut auf die eigne Stärke,
auf die eigne Kraft wohl gern;
denn er sieht in jedem Werke
die allmächtge Hand des Herrn!

Quellenverzeichnis

Achim von Arnim (1781-1831)
Der Kirschbaum, S. 51
Aus: Achim von Arnim, Werke. Drei Bände. Herausgegeben von
A. Schier. Insel-Verlag Leipzig o.J.

Rose Ausländer (1901-1988)
An eine Narzisse, S. 36
Aus: Rose Ausländer, Die Erde war ein atlasweißes Feld. Gedichte
1927-1956. © S. Fischer Verlag GmbH, Frankfurt am Main
1985.
Löwenzahn, S. 61
Aus: Rose Ausländer, Die Sichel mäht die Zeit zu Heu. Gedichte
1957-1965. © S. Fischer Verlag GmbH, Frankfurt am Main
1985.
Spätsommer, S. 92
Aus: Rose Ausländer, Ich höre das Herz des Oleanders. Gedichte
1977-1979. © S. Fischer Verlag GmbH, Frankfurt am Main
1984.

Gottfried Benn (1886-1956)
Astern, S. 99
Aus: Gottfried Benn, Statische Gedichte. © 1948, 2006 by Arche
Literatur Verlag AG, Zürich-Hamburg.

Barthold Hinrich Brockes (1680-1747)
Die Trauben-Hyazinthe, S. 29
Kirschblüte bei der Nacht, S. 49
Aus: Barthold Hinrich Brockes, Werke. 5 Bände. Herausgegeben
von Johann Joachim Eschenburg. 1800.

Wilhelm Busch (1832-1908)
Das traurige Röslein, S. 114

Aus: Wilhelm Busch, Schein und Sein. Nachgelassene Gedichte.
Lothar Joachim Verlag, München 1909.

Paul Celan (1920-1970)
Tulpen, S. 34
Aus: Paul Celan, Die Gedichte. Kommentierte Gesamtausgabe in
einem Band. Hg. von Barbara Wiedemann. Suhrkamp Verlag
Frankfurt am Main 2003.

Max Dauthendey (1867-1918)
Eilt euch, eil dich, die Bäume blühen!, S. 45
Die bunten Astern, S. 94
Aus: Max Dauthendey, Das Herz singt zum Reigen. Gedichte.
Langen Müller in der F. A. Herbig Verlagsbuchhandlung GmbH,
München.

Annette von Droste-Hülshoff (1797-1848)
Vergißmeinnicht, S. 35
Aus: Annette von Droste-Hülshoff, Sämtliche Gedichte. Heraus-
gegeben von Karl Schulte Kemminghausen. Insel Verlag Frankfurt
am Main 1998.

Günter Eich (1907-1972)
Lupinen, S. 71
Später Mohn, S. 93
Aus: Günter Eich, Gesammelte Werke. Band I: Die Gedichte.
© Suhrkamp Verlag Frankfurt am Main 1973.

Joseph von Eichendorff (1788-1857)
Schneeglöckchen, S. 17
Aus: Joseph von Eichendorff, Sämtliche Gedichte und Versepen.
Herausgegeben von Hartwig Schultz. Insel Verlag Frankfurt am
Main 2001.

Hans Magnus Enzensberger (*1929)
Das Blumenfest, S. 11
Aus: Hans Magnus Enzensberger, Die Gedichte. © Suhrkamp
Verlag Frankfurt am Main 1983.

Peter Gan (1894-1974)
Auf eine Oktoberrose, S. 100
Aus: Peter Gan, Die Windrose. Gedichte. Atlantis Verlag, Frei-
burg/Br. 1935. © Christian J. Isenberg. Abdruck mit freundlicher
Genehmigung.

Johann Wolfgang von Goethe (1749-1832)
Frühling (aus: Vierjahrszeiten), S. 22
Ein Gleichnis, S. 58
Aus: Johann Wolfgang Goethe, Sämtliche Werke. Briefe, Tagebü-
cher und Gespräche. Band 2: Gedichte 1800-1832. Herausgegeben
von Karl Eibl. Deutscher Klassiker Verlag Frankfurt am Main
1988.
Das Veilchen, S. 28
Ihr verblühet, süße Rosen (aus: Erwin und Elmire), S. 83
Aus: Johann Wolfgang Goethe, Sämtliche Werke. Briefe, Tagebü-
cher und Gespräche. Band 1: Gedichte 1756-1799. Herausgegeben
von Karl Eibl. Deutscher Klassiker Verlag Frankfurt am Main
1987.
Rosenknospen (aus: Faust II,1. V. 5150-5157), S. 66
Rosen, ihr blendenden (aus: Faust II,5. V. 11699-11705), S. 63
In: Johann Wolfgang Goethe, Sämtliche Werke. Briefe, Tage-
bücher und Gespräche. Band 7: Faust. Texte. Kommentare. Her-
ausgegeben von Albrecht Schöne. Deutscher Klassiker Verlag
Frankfurt am Main 1994.

August Heinrich Hoffmann von Fallersleben (1798-1874)
Maiglöckchen, S. 38
Aus: Hoffmann von Fallersleben, Heinrich. Ausgewählte Werke in

vier Bänden. Herausgegeben und mit Einleitung versehen von Hans Benzmann. Verlag Max Hesse, Leipzig o. J.

Hermann Hesse (1877-1962)
Die ersten Blumen, S. 18
Der Duft der Narzissen, S. 37
Der Blütenzweig, S. 48
Voll Blüten, S. 52
Nelke, S. 70
Enzianblüte, S. 80
Aus: Hermann Hesse, Die Gedichte. Herausgegeben von Volker Michels. © Suhrkamp Verlag Frankfurt am Main ⁵1998.

Friedrich Hölderlin (1770-1843)
An eine Rose, S. 69
Aus: Friedrich Hölderlin, Sämtliche Gedichte und Hyperion. Herausgegeben von Jochen Schmidt. Insel Verlag Frankfurt am Main und Leipzig 1999.

Ricarda Huch (1864-1947)
Mondenweißer Jasmin, S. 62
Herbstzeitlose, S. 96
Aus: Ricarda Huch, Gesammelte Werke. Fünfter Band. Herausgegeben von Wilhelm Emrich. Verlag Kiepenheuer und Witsch, Köln 1971.

Peter Huchel (1903-1981)
Holunder, S. 53
Löwenzahn, S. 60
Die Sonnenblume, S. 75
Aus: Peter Huchel, Gesammelte Werke in zwei Bänden. Band I: Die Gedichte. Herausgegeben von Axel Vieregg. © Suhrkamp Verlag Frankfurt am Main 1984.

Marie Luise Kaschnitz (1904-1974)
Tulpen, S. 32
Aus: Marie Luise Kaschnitz, Gesammelte Werke. Herausgegeben
von Christian Büttrich und Norbert Miller. Fünfter Band: Die
Gedichte. Insel Verlag Frankfurt am Main 1985. © MLK-Erben-
gemeinschaft Berlin/München.

Klabund (1890-1928)
Die letzte Kornblume, S. 84
Aus: Klabund, Die Harfenjule. Berlin 1927.

Karl Kraus (1874-1936)
Flieder, S. 47
Aus: Karl Kraus, Worte in Versen IV. Wien 1922.

Karl Krolow (1915-1999)
Violette Tulpen, S. 33
Sonnenblumen, S. 76
Aus: Karl Krolow, Auf Erden. Frühe Gedichte. © Suhrkamp Verlag
Frankfurt am Main 1989
Eisblumen, S. 110
Erstveröffentlichung: Kasseler Post Nr. 8, 8.I.42. © Peter Krolow.
Abdruck mit freundlicher Genehmigung.

Friedo Lampe (1899-1945)
Sommer verglüht, S. 86
Aus: Das Gesamtwerk. Mit einem Nachwort von Johannes Pfeiffer.
Rowohlt Verlag GmbH, Reinbek 1955.

Nikolaus Lenau (1802-1850)
Primula veris, S. 19
Aus: Nikolaus Lenau, Gedichte. Ausgewählt und mit einem
Nachwort von Hansgeorg Schmidt-Bergmann. Insel Verlag
Frankfurt am Main und Leipzig 1998.

Hermann Lenz (1913-1998)
Löwenzahn, S. 59
Aus: Hermann Lenz, Zeitlebens. Gedichte 1834-1980. Franz
Schneekluth, München 1981. © Hermann-Lenz-Stiftung. Ab-
druck mit freundlicher Genehmigung.

Detlev von Liliencron (1844-1909)
Herbst, S. 97
Aus: Detlev von Liliencron, Gedichte. Reclam Verlag GmbH,
Ditzingen 1986.

Hermann Lingg (1820-1905)
Die weiße Weihnachtsrose, S. 108
Aus: Hermann Lingg, Ausgewählte Gedichte. Herausgegeben von
Paul Heyse. Cotta Verlag, Stuttgart 1905.

Friederike Mayröcker (*1924)
die Gewächshausblumen in Bad Aussee, S. 111
Paradies- und Schlangenbaum, Ende August, S. 91
Aus: Friederike Mayröcker, Gesammelte Gedichte 1939-2003.
Herausgegeben von Marcel Beyer. © Suhrkamp Verlag Frankfurt
am Main 2004.

Selma Meerbaum-Eisinger (1924-1942)
Der Sturm, S. 64
Den gelben Astern ein Lied, S. 98
Aus: Selma Meerbaum-Eisinger, Ich bin in Sehnsucht eingehüllt.
Gedichte. Herausgegeben von Jürgen Serke. Verlag Hoffmann und
Campe, Hamburg 2005.

Eduard Mörike (1804-1875)
Auf eine Christblume, S. 106
Aus: Eduard Mörike, Gedichte in einem Band. Herausgegeben von
Bernhard Zeller. Insel Verlag Frankfurt am Main und Leipzig
2001.

Christian Morgenstern (1871-1914)
Die Primeln blühn und grüßen, S. 26
Die Weidenkätzchen, S. 43
Butterblumengelbe Wiesen, S. 57
Aus: Christian Morgenstern, Gedichte in einem Band. Herausgegeben von Reinhardt Habel. Insel Verlag Frankfurt am Main und Leipzig 2004.

Josef Mühlberger (1903-1985)
Blühender Magnolienbaum, S. 46
Sonnenblume, S. 78
Rose vor nahem Winter, S. 105
Orchidee, S. 112
Aus: Josef Mühlberger, Gedichte. © Insel-Verlag Wiesbaden 1948.

Rainer Maria Rilke (1875-1926)
Blaue Hortensie, S. 79
Rosa Hortensie, S. 81
Feuerlilie, S. 109
Die Sprache der Blumen, S. 119
Aus: Rainer Maria Rilke, Die Gedichte. Insel Verlag Frankfurt am Main 1986.

Friedrich Rückert (1788-1866)
Himmelschlüsselchen, S. 21
Das Veilchen, S. 27
Schneeglöckchen, S. 116
Aus: Friedrich Rückert, Ausgewählte Werke. Herausgegeben von Annemarie Schimmel. Erster Band. Insel Verlag Frankfurt am Main 1988.

Reinhold Schneider (1903-1978)
Die Sonnenblumen unterm Mond, S. 77
Aus: Reinhold Schneider, Gesammelte Werke. Band 5: Gedichte.

Auswahl und Nachwort von Christoph Perels. © Insel Verlag
Frankfurt am Main 1981.

Ernst Stadler (1883-1914)
Die Rosen im Garten, S. 85
Aus: Ernst Stadler, Dichtungen, Schriften, Briefe. Kritische Ausgabe. Herausgegeben von Klaus Hurlebusch und Karl Ludwig
Schneider. Verlag C. H. Beck München 1983.

Theodor Storm (1817-1888)
Hyazinthen, S. 31
Aus: Theodor Storm, Sämtliche Werke in vier Bänden. Band 1:
Gedichte, Novellen 1848-1867. Herausgegeben von Dieter Lohmeier. Deutscher Klassiker Verlag Frankfurt am Main 1997.

Ludwig Tieck (1773-1853)
Rosen, S. 67
Aus: Ludwig Tieck, Schriften in zwölf Bänden. Band 7: Gedichte.
Herausgegeben von Ruprecht Wimmer. Deutscher Klassiker Verlag Frankfurt am Main 1995.

Ludwig Uhland (1787-1862)
Der Mohn, S. 73
Die Malve, S. 82
Aus: Ludwig Uhland, Gedichte. Herausgegeben von Hans-Rüdiger
Schwab. Insel Verlag Frankfurt am Main 1987.

Georg von der Vring (1889-1968)
Die letzte Rose, S. 101
Aus: Georg von der Vring, Abendfalter. Ausgewählte Gedichte.
R. Piper & Co. Verlag, München 1952. © Micaela du Guerny.
Abdruck mit freundlicher Genehmigung.

Christian Wagner (1835-1918)
Distelhäupter am Weg, S. 95
Aus: Christian Wagner, Gedichte. Herausgegeben von Ulrich
Keicher. Konrad Theiss Verlag Stuttgart und Aachen 1973.

Robert Walser (1878-1956)
Blumen, S. 115
Aus: Robert Walser, Die Gedichte. © Suhrkamp Verlag Frankfurt
am Main 1986.

Hat der Garten uns oder haben wir ihn?

Auf vielerlei Pfaden geht Eva Demski in ihrem Buch dem besonderen Verhältnis zwischen Mensch und Garten nach, sie erzählt vom Glück des Gelingens und von der Erschaffung eines Stücks Himmel auf Erden.

»Er hat mich mehr als einmal gerettet, der Garten: die Dinge zurechtgerückt, mich zum Lachen gebracht, wenn mir zum Heulen war. Er bereitet mir Niederlagen, aber er tröstet mich, wenn die Welt mir welche bereitet.«

»Schon lange nicht mehr war so ein anregendes, kluges und charmantes Buch über Garten und Gartenmenschen auf dem Büchermarkt.« *Frankfurter Allgemeine Zeitung*

Eva Demski, Gartengeschichten. Mit Bildern von Michael Sowa. insel taschenbuch 4003. 235 Seiten

Das Tagebuch einer leidenschaftlichen Gärtnerin

Ein preußischer Ehemann, nur der Grimmige genannt, eine beste Freundin, deren wochenlanger Aufenthalt die Freundesbande strapaziert, und eine naseweise Besucherin aus dem zivilisierten England. Sie alle bevölkern Elizabeths Garten, ihren liebsten Ort, ihre Oase der Ruhe ...

Meisterhaft erzählt Elizabeth von Arnim davon, wie sie den verwilderten Garten ihres preußischen Landguts in ein Paradies verwandelt und wie sie – trotz unerwünschter Eindringlinge und störender Nebendarsteller – dem wundersamen Zauber, den der Geruch feuchter Erde und die blühende Stille um sie herum verbreiten, immer wieder erliegt ...

Elizabeth von Arnim, Elizabeth und ihr Garten. Roman. Aus dem Englischen von Adelheid Dormagen. insel taschenbuch 4132. 135 Seiten

Rainer Maria Rilke
FRÜHLING

Mit Rilke durch alle Jahreszeiten

Rainer Maria Rilke war ein genauer Beobachter der ihn umgebenden Natur, und so entstand eine Fülle von Gedichten vom Werden des Frühlings und dem Reichtum des Sommers, vom Vollenden des Herbstes und der Stille des Winters. Auch in vielen Prosatexten geht er dem Gleichnishaften von Jahres- und Lebenszeit nach, jahreszeitliche Stimmungen finden Eingang in seine Briefe. Thilo von Pape hat sich in Rilkes Werk umgesehen und reiche Ernte eingefahren, die, nach Jahreszeiten geordnet, nun in vier Büchern präsentiert wird.

Rainer Maria Rilke, Frühling. Ausgewählt von Thilo von Pape. insel taschenbuch 4118. 118 Seiten
Rainer Maria Rilke, Sommer. Ausgewählt von Thilo von Pape. insel taschenbuch 4139. 114 Seiten
Rainer Maria Rilke, Herbst. Ausgewählt von Thilo von Pape. insel taschenbuch 4173. 128 Seiten
Rainer Maria Rilke, Winter. Ausgewählt von Thilo von Pape. insel taschenbuch 4192. 123 Seiten

Hesse für jede Jahreszeit

Kurt Tucholsky hat über Hermann Hesses Naturdarstellungen geschrieben: »Er kann, was nur wenige können. Er kann einen Sommerabend und ein erfrischendes Schwimmbad ... nicht nur schildern – das wäre nicht schwer. Aber er kann machen, dass es uns heiß und kühl und müde ums Herz wird.« Hermann Hesses Beziehung zur Natur und dem Lauf der Jahreszeiten ist von jeher ein inniges. In vielen Gedichten und Betrachtungen, aber auch in seinen Romanen hat er sie beschrieben und ihren Zauber zu fassen versucht. Ulrike Anders hat Hesses schönste Gedanken zu jeder Jahreszeit ausgewählt.

Hermann Hesse, Frühling. Ausgewählt von Ulrike Anders.
insel taschenbuch 4117. 119 Seiten
Hermann Hesse, Sommer. Ausgewählt von Ulrike Anders.
insel taschenbuch 4138. 119 Seiten
Hermann Hesse, Herbst. Ausgewählt von Ulrike Anders.
insel taschenbuch 4174. 119 Seiten
Hermann Hesse, Winter. Ausgewählt von Ulrike Anders.
insel taschenbuch 4193. 119 Seiten